DIARIO
RIFLESSIONI QUOTIDIANE
PER L'EROE CHE È IN TE

Titolo: DIARIO - Riflessioni Quotidiane
Sottotitolo: Per l'Eroe che è in Te

Pubblicato da BEA HERO™
www.BEAHERO.world

BEA HERO™ è un movimento, un marchio editoriale e una filosofia di vita dedicata a risvegliare l'Eroe interiore. Attraverso libri, coaching ed esperienze immersive, ispiriamo le persone a superare gli ostacoli, ad abbracciare la crescita e a vivere con coraggio, con scopo e con contributo.
Questo diario fa parte del libro SII UN EROE: Decifra la tua grandezza — progettato per favorire chiarezza, disciplina e forza interiore attraverso la riflessione quotidiana.

ISBN: 978-1-969117-19-0 (Edizione in nero e oro)
ISBN: 978-1-969117-20-6 (Edizione in bianco e oro)
Copertina e design interno di Alessio Favaretto

HERO

Riflessioni

Data ....

 L  M  M  G  V S D

Livello Emotivo

_____ - Felice - Pacifico/a - Rilassato/a - Energico/a - Soddisfatto/a - Deluso/a - Letargico/a - Teso/a - Preoccupato/a - Infelice - _____

Cose per cui essere grato/a

I momenti o i ricordi più felici di oggi

I successi o i progressi di oggi

Le persone per cui sono grato/a

La citazione o la lezione più bella di oggi

Gli obiettivi di domani

Perché voglio raggiungerlo?

Qual è il modo migliore per riuscirci?

Riflessioni

Data _______________

Livello Emotivo

_____ - Felice - Pacifico/a - Rilassato/a - Energico/a - Soddisfatto/a - Deluso/a - Letargico/a - Teso/a - Preoccupato/a - Infelice - _____

Cose per cui essere grato/a	I momenti o i ricordi più felici di oggi

I successi o i progressi di oggi	Le persone per cui sono grato/a

La citazione o la lezione più bella di oggi

Gli obiettivi di domani

Perché voglio raggiungerlo?

Qual è il modo migliore per riuscirci?

HERO

Riflessioni

Livello Emotivo

_____ - Felice - Pacifico/a - Rilassato/a - Energico/a - Soddisfatto/a - Deluso/a - Letargico/a - Teso/a - Preoccupato/a - Infelice - _____

Cose per cui essere grato/a

I momenti o i ricordi più felici di oggi

I successi o i progressi di oggi

Le persone per cui sono grato/a

La citazione o la lezione più bella di oggi

Gli obiettivi di domani

Perché voglio raggiungerlo?

Qual è il modo migliore per riuscirci?

Riflessioni

Data ....

Livello Emotivo

_____ - Felice - Pacifico/a - Rilassato/a - Energico/a - Soddisfatto/a - Deluso/a - Letargico/a - Teso/a - Preoccupato/a - Infelice - _____

Cose per cui essere grato/a

I momenti o i ricordi più felici di oggi

I successi o i progressi di oggi

Le persone per cui sono grato/a

La citazione o la lezione più bella di oggi

Gli obiettivi di domani

Perché voglio raggiungerlo?

Qual è il modo migliore per riuscirci?

Riflessioni

Livello Emotivo

_____ - Felice - Pacifico/a - Rilassato/a - Energico/a - Soddisfatto/a - Deluso/a - Letargico/a - Teso/a - Preoccupato/a - Infelice - _____

Cose per cui essere grato/a

I momenti o i ricordi più felici di oggi

I successi o i progressi di oggi

Le persone per cui sono grato/a

La citazione o la lezione più bella di oggi

Gli obiettivi di domani

Perché voglio raggiungerlo?

Qual è il modo migliore per riuscirci?

Riflessioni

Data ....

Livello Emotivo

____ - Felice - Pacifico/a - Rilassato/a - Energico/a - Soddisfatto/a - Deluso/a - Letargico/a - Teso/a - Preoccupato/a - Infelice - ____

Cose per cui essere grato/a

I momenti o i ricordi più felici di oggi

I successi o i progressi di oggi

Le persone per cui sono grato/a

La citazione o la lezione più bella di oggi

Gli obiettivi di domani

Perché voglio raggiungerlo?

Qual è il modo migliore per riuscirci?

Riflessioni

Data ....

 **L**  **M**  **M**  **G**  **V** **S** **D**

Livello Emotivo

_____ - Felice - Pacifico/a - Rilassato/a - Energico/a - Soddisfatto/a - Deluso/a - Letargico/a - Teso/a - Preoccupato/a - Infelice - _____

Cose per cui essere grato/a

I momenti o i ricordi più felici di oggi

I successi o i progressi di oggi

Le persone per cui sono grato/a

La citazione o la lezione più bella di oggi

Gli obiettivi di domani

Perché voglio raggiungerlo?

Qual è il modo migliore per riuscirci?

HERO

Riflessioni

Data ....

L M M G V S D

Livello Emotivo

____ - Felice - Pacifico/a - Rilassato/a - Energico/a - Soddisfatto/a - Deluso/a - Letargico/a - Teso/a - Preoccupato/a - Infelice - ____

Cose per cui essere grato/a

I momenti o i ricordi più felici di oggi

I successi o i progressi di oggi

Le persone per cui sono grato/a

La citazione o la lezione più bella di oggi

Gli obiettivi di domani

Perché voglio raggiungerlo?

Qual è il modo migliore per riuscirci?

Riflessioni

Data ....

Livello Emotivo

_____ - **Felice - Pacifico/a - Rilassato/a - Energico/a - Soddisfatto/a - Deluso/a - Letargico/a - Teso/a - Preoccupato/a - Infelice -** _____

Cose per cui essere grato/a

I momenti o i ricordi più felici di oggi

I successi o i progressi di oggi

Le persone per cui sono grato/a

La citazione o la lezione più bella di oggi

Gli obiettivi di domani

Perché voglio raggiungerlo?

Qual è il modo migliore per riuscirci?

Riflessioni

Data ....

Livello Emotivo

_____ - Felice - Pacifico/a - Rilassato/a - Energico/a - Soddisfatto/a - Deluso/a - Letargico/a - Teso/a - Preoccupato/a - Infelice - _____

Cose per cui essere grato/a

I momenti o i ricordi più felici di oggi

I successi o i progressi di oggi

Le persone per cui sono grato/a

La citazione o la lezione più bella di oggi

Gli obiettivi di domani

Perché voglio raggiungerlo?

Qual è il modo migliore per riuscirci?

Riflessioni

Data ....

L   M   M   G   V   S   D

Livello Emotivo

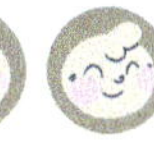

_____ - Felice - Pacifico/a - Rilassato/a - Energico/a - Soddisfatto/a - Deluso/a - Letargico/a - Teso/a - Preoccupato/a - Infelice - _____

Cose per cui essere grato/a

I momenti o i ricordi più felici di oggi

I successi o i progressi di oggi

Le persone per cui sono grato/a

La citazione o la lezione più bella di oggi

Gli obiettivi di domani

Perché voglio raggiungerlo?

Qual è il modo migliore per riuscirci?

Riflessioni

Data ....

Livello Emotivo

_____ - Felice - Pacifico/a - Rilassato/a - Energico/a - Soddisfatto/a - Deluso/a - Letargico/a - Teso/a - Preoccupato/a - Infelice -

Cose per cui essere grato/a

I momenti o i ricordi più felici di oggi

I successi o i progressi di oggi

Le persone per cui sono grato/a

La citazione o la lezione più bella di oggi

Gli obiettivi di domani

Perché voglio raggiungerlo?

Qual è il modo migliore per riuscirci?

 Riflessioni

Data ....

 L  M  M  G  V S D

Livello Emotivo

_____ - Felice - Pacifico/a - Rilassato/a - Energico/a - Soddisfatto/a - Deluso/a - Letargico/a - Teso/a - Preoccupato/a - Infelice - _____

Cose per cui essere grato/a

I momenti o i ricordi più felici di oggi

I successi o i progressi di oggi

Le persone per cui sono grato/a

La citazione o la lezione più bella di oggi

Gli obiettivi di domani

Perché voglio raggiungerlo?

Qual è il modo migliore per riuscirci?

HERO

Riflessioni

Data ....

 L  M  M  G  V S D

Livello Emotivo

_____ - Felice - Pacifico/a - Rilassato/a - Energico/a - Soddisfatto/a - Deluso/a - Letargico/a - Teso/a - Preoccupato/a - Infelice - _____

Cose per cui essere grato/a

I momenti o i ricordi più felici di oggi

I successi o i progressi di oggi

Le persone per cui sono grato/a

La citazione o la lezione più bella di oggi

Gli obiettivi di domani

Perché voglio raggiungerlo?

Qual è il modo migliore per riuscirci?

Riflessioni

Data ______________________

L M M G V S D

Livello Emotivo

______ - Felice - Pacifico/a - Rilassato/a - Energico/a - Soddisfatto/a - Deluso/a - Letargico/a - Teso/a - Preoccupato/a - Infelice - ______

Cose per cui essere grato/a

I momenti o i ricordi più felici di oggi

I successi o i progressi di oggi

Le persone per cui sono grato/a

La citazione o la lezione più bella di oggi

Gli obiettivi di domani

Perché voglio raggiungerlo?

Qual è il modo migliore per riuscirci?

Riflessioni

Data ....

Livello Emotivo

_____ - Felice - Pacifico/a - Rilassato/a - Energico/a - Soddisfatto/a - Deluso/a - Letargico/a - Teso/a - Preoccupato/a - Infelice - _____

Cose per cui essere grato/a

I momenti o i ricordi più felici di oggi

I successi o i progressi di oggi

Le persone per cui sono grato/a

La citazione o la lezione più bella di oggi

Gli obiettivi di domani

Perché voglio raggiungerlo?

Qual è il modo migliore per riuscirci?

Riflessioni

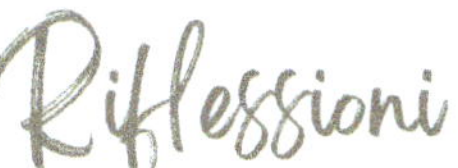

Livello Emotivo

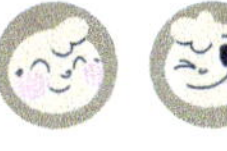

_____ - Felice - Pacifico/a - Rilassato/a - Energico/a - Soddisfatto/a - Deluso/a - Letargico/a - Teso/a - Preoccupato/a - Infelice - _____

Cose per cui essere grato/a

I momenti o i ricordi più felici di oggi

I successi o i progressi di oggi

Le persone per cui sono grato/a

La citazione o la lezione più bella di oggi

Gli obiettivi di domani

Perché voglio raggiungerlo?

Qual è il modo migliore per riuscirci?

Riflessioni

Data ....

L M M G V S D

Livello Emotivo

_____ - Felice - Pacifico/a - Rilassato/a - Energico/a - Soddisfatto/a - Deluso/a - Letargico/a - Teso/a - Preoccupato/a - Infelice - _____

Cose per cui essere grato/a

I momenti o i ricordi più felici di oggi

I successi o i progressi di oggi

Le persone per cui sono grato/a

La citazione o la lezione più bella di oggi

Gli obiettivi di domani

Perché voglio raggiungerlo?

Qual è il modo migliore per riuscirci?

Riflessioni

Data ....

Livello Emotivo

_____ - Felice - Pacifico/a - Rilassato/a - Energico/a - Soddisfatto/a - Deluso/a - Letargico/a - Teso/a - Preoccupato/a - Infelice - _____

Cose per cui essere grato/a

I momenti o i ricordi più felici di oggi

I successi o i progressi di oggi

Le persone per cui sono grato/a

La citazione o la lezione più bella di oggi

Gli obiettivi di domani

Perché voglio raggiungerlo?

Qual è il modo migliore per riuscirci?

Riflessioni

Livello Emotivo

_____ - Felice - Pacifico/a - Rilassato/a - Energico/a - Soddisfatto/a - Deluso/a - Letargico/a - Teso/a - Preoccupato/a - Infelice - _____

Cose per cui essere grato/a

I momenti o i ricordi più felici di oggi

I successi o i progressi di oggi

Le persone per cui sono grato/a

La citazione o la lezione più bella di oggi

Gli obiettivi di domani

Perché voglio raggiungerlo?

Qual è il modo migliore per riuscirci?

HERO

Riflessioni

Data ________________________

Livello Emotivo

_____ - Felice - Pacifico/a - Rilassato/a - Energico/a - Soddisfatto/a - Deluso/a - Letargico/a - Teso/a - Preoccupato/a - Infelice - _____

Cose per cui essere grato/a

I momenti o i ricordi più felici di oggi

I successi o i progressi di oggi

Le persone per cui sono grato/a

La citazione o la lezione più bella di oggi

Gli obiettivi di domani

Perché voglio raggiungerlo?

Qual è il modo migliore per riuscirci?

HERO

Riflessioni

Data ______________

 L  M  M  G  V S D

Livello Emotivo

_____ - Felice - Pacifico/a - Rilassato/a - Energico/a - Soddisfatto/a - Deluso/a - Letargico/a - Teso/a - Preoccupato/a - Infelice - _____

Cose per cui essere grato/a

I momenti o i ricordi più felici di oggi

I successi o i progressi di oggi

Le persone per cui sono grato/a

La citazione o la lezione più bella di oggi

Gli obiettivi di domani

Perché voglio raggiungerlo?

Qual è il modo migliore per riuscirci?

Riflessioni

Livello Emotivo

_____ - Felice - Pacifico/a - Rilassato/a - Energico/a - Soddisfatto/a - Deluso/a - Letargico/a - Teso/a - Preoccupato/a - Infelice - _____

Cose per cui essere grato/a	I momenti o i ricordi più felici di oggi

I successi o i progressi di oggi	Le persone per cui sono grato/a

La citazione o la lezione più bella di oggi

Gli obiettivi di domani

Perché voglio raggiungerlo?

Qual è il modo migliore per riuscirci?

HERO

Riflessioni

Data ....

Livello Emotivo

____ - Felice - Pacifico/a - Rilassato/a - Energico/a - Soddisfatto/a - Deluso/a - Letargico/a - Teso/a - Preoccupato/a - Infelice - ____

Cose per cui essere grato/a

I momenti o i ricordi più felici di oggi

I successi o i progressi di oggi

Le persone per cui sono grato/a

La citazione o la lezione più bella di oggi

Gli obiettivi di domani

Perché voglio raggiungerlo?

Qual è il modo migliore per riuscirci?

Riflessioni

Data ....

L · M · M · G · V · S · D

Livello Emotivo

_____ - Felice - Pacifico/a - Rilassato/a - Energico/a - Soddisfatto/a - Deluso/a - Letargico/a - Teso/a - Preoccupato/a - Infelice - _____

Cose per cui essere grato/a

I momenti o i ricordi più felici di oggi

I successi o i progressi di oggi

Le persone per cui sono grato/a

La citazione o la lezione più bella di oggi

Gli obiettivi di domani

Perché voglio raggiungerlo?

Qual è il modo migliore per riuscirci?

Riflessioni

Data ....

Livello Emotivo

_____ - **Felice - Pacifico/a - Rilassato/a - Energico/a - Soddisfatto/a - Deluso/a - Letargico/a - Teso/a - Preoccupato/a - Infelice -** _____

Cose per cui essere grato/a

I momenti o i ricordi più felici di oggi

I successi o i progressi di oggi

Le persone per cui sono grato/a

La citazione o la lezione più bella di oggi

Gli obiettivi di domani

Perché voglio raggiungerlo?

Qual è il modo migliore per riuscirci?

Riflessioni

Livello Emotivo

______ - Felice - Pacifico/a - Rilassato/a - Energico/a - Soddisfatto/a - Deluso/a - Letargico/a - Teso/a - Preoccupato/a - Infelice - ______

Cose per cui essere grato/a

I momenti o i ricordi più felici di oggi

I successi o i progressi di oggi

Le persone per cui sono grato/a

La citazione o la lezione più bella di oggi

Gli obiettivi di domani

Perché voglio raggiungerlo?

Qual è il modo migliore per riuscirci?

Riflessioni

Data ....

 L  M  M G V S D

Livello Emotivo

_____ - Felice - Pacifico/a - Rilassato/a - Energico/a - Soddisfatto/a - Deluso/a - Letargico/a - Teso/a - Preoccupato/a - Infelice - _____

Cose per cui essere grato/a

I momenti o i ricordi più felici di oggi

I successi o i progressi di oggi

Le persone per cui sono grato/a

La citazione o la lezione più bella di oggi

Gli obiettivi di domani

Perché voglio raggiungerlo?

Qual è il modo migliore per riuscirci?

Riflessioni

Data _______________________

Livello Emotivo

_____ - Felice - Pacifico/a - Rilassato/a - Energico/a - Soddisfatto/a - Deluso/a - Letargico/a - Teso/a - Preoccupato/a - Infelice - _____

Cose per cui essere grato/a

I momenti o i ricordi più felici di oggi

I successi o i progressi di oggi

Le persone per cui sono grato/a

La citazione o la lezione più bella di oggi

Gli obiettivi di domani

Perché voglio raggiungerlo?

Qual è il modo migliore per riuscirci?

Riflessioni

Data ________________________

Livello Emotivo

_____ - Felice - Pacifico/a - Rilassato/a - Energico/a - Soddisfatto/a - Deluso/a - Letargico/a - Teso/a - Preoccupato/a - Infelice - _____

Cose per cui essere grato/a

I momenti o i ricordi più felici di oggi

I successi o i progressi di oggi

Le persone per cui sono grato/a

La citazione o la lezione più bella di oggi

Gli obiettivi di domani

Perché voglio raggiungerlo?

Qual è il modo migliore per riuscirci?

HERO

Riflessioni

Livello Emotivo

_____ - Felice - Pacifico/a - Rilassato/a - Energico/a - Soddisfatto/a - Deluso/a - Letargico/a - Teso/a - Preoccupato/a - Infelice - _____

Cose per cui essere grato/a

I momenti o i ricordi più felici di oggi

I successi o i progressi di oggi

Le persone per cui sono grato/a

Riflessioni

Data ___________________

Livello Emotivo

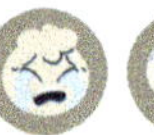

_____ - Felice - Pacifico/a - Rilassato/a - Energico/a - Soddisfatto/a - Deluso/a - Letargico/a - Teso/a - Preoccupato/a - Infelice - _____

Cose per cui essere grato/a

I momenti o i ricordi più felici di oggi

I successi o i progressi di oggi

Le persone per cui sono grato/a

La citazione o la lezione più bella di oggi

Gli obiettivi di domani

Perché voglio raggiungerlo?

Qual è il modo migliore per riuscirci?

Riflessioni

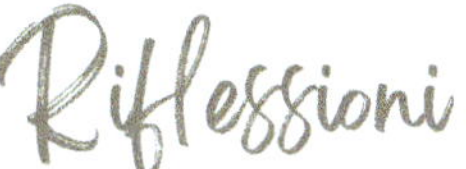

Data ___________________________

L M M G V S D

Livello Emotivo

       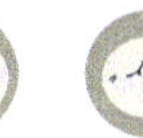     

____ - Felice - Pacifico/a - Rilassato/a - Energico/a - Soddisfatto/a - Deluso/a - Letargico/a - Teso/a - Preoccupato/a - Infelice - ____

Cose per cui essere grato/a

I momenti o i ricordi più felici di oggi

I successi o i progressi di oggi

Le persone per cui sono grato/a

La citazione o la lezione più bella di oggi

Gli obiettivi di domani

Perché voglio raggiungerlo?

Qual è il modo migliore per riuscirci?

Riflessioni

Data ....

Livello Emotivo

_____ - Felice - Pacifico/a - Rilassato/a - Energico/a - Soddisfatto/a - Deluso/a - Letargico/a - Teso/a - Preoccupato/a - Infelice - _____

Cose per cui essere grato/a

I momenti o i ricordi più felici di oggi

I successi o i progressi di oggi

Le persone per cui sono grato/a

La citazione o la lezione più bella di oggi

Gli obiettivi di domani

Perché voglio raggiungerlo?

Qual è il modo migliore per riuscirci?

HERO

Riflessioni

Data ___________________

L M M G V S D

Livello Emotivo

_____ - Felice - Pacifico/a - Rilassato/a - Energico/a - Soddisfatto/a - Deluso/a - Letargico/a - Teso/a - Preoccupato/a - Infelice - _____

Cose per cui essere grato/a

I momenti o i ricordi più felici di oggi

I successi o i progressi di oggi

Le persone per cui sono grato/a

La citazione o la lezione più bella di oggi

Gli obiettivi di domani

Perché voglio raggiungerlo?

Qual è il modo migliore per riuscirci?

Riflessioni

Data _______________

L M M G V S D

Livello Emotivo

_____ - Felice - Pacifico/a - Rilassato/a - Energico/a - Soddisfatto/a - Deluso/a - Letargico/a - Teso/a - Preoccupato/a - Infelice -

Cose per cui essere grato/a

I momenti o i ricordi più felici di oggi

I successi o i progressi di oggi

Le persone per cui sono grato/a

La citazione o la lezione più bella di oggi

Gli obiettivi di domani

Perché voglio raggiungerlo?

Qual è il modo migliore per riuscirci?

Riflessioni

Data ....

Livello Emotivo

____ - Felice - Pacifico/a - Rilassato/a - Energico/a - Soddisfatto/a - Deluso/a - Letargico/a - Teso/a - Preoccupato/a - Infelice - ____

Cose per cui essere grato/a

I momenti o i ricordi più felici di oggi

I successi o i progressi di oggi

Le persone per cui sono grato/a

La citazione o la lezione più bella di oggi

Gli obiettivi di domani

Perché voglio raggiungerlo?

Qual è il modo migliore per riuscirci?

HERO

Riflessioni

Data _______________

L M M G V S D

Livello Emotivo

_____ - Felice - Pacifico/a - Rilassato/a - Energico/a - Soddisfatto/a - Deluso/a - Letargico/a - Teso/a - Preoccupato/a - Infelice - _____

Cose per cui essere grato/a

I momenti o i ricordi più felici di oggi

I successi o i progressi di oggi

Le persone per cui sono grato/a

La citazione o la lezione più bella di oggi

Gli obiettivi di domani

Perché voglio raggiungerlo?

Qual è il modo migliore per riuscirci?

Riflessioni

Data ________________________________

Livello Emotivo

_____ - Felice - Pacifico/a - Rilassato/a - Energico/a - Soddisfatto/a - Deluso/a - Letargico/a - Teso/a - Preoccupato/a - Infelice - _____

Cose per cui essere grato/a

I momenti o i ricordi più felici di oggi

I successi o i progressi di oggi

Le persone per cui sono grato/a

La citazione o la lezione più bella di oggi

Gli obiettivi di domani

Perché voglio raggiungerlo?

Qual è il modo migliore per riuscirci?

HERO

Riflessioni

Data ______________

Livello Emotivo

______ - Felice - Pacifico/a - Rilassato/a - Energico/a - Soddisfatto/a - Deluso/a - Letargico/a - Teso/a - Preoccupato/a - Infelice - ______

Cose per cui essere grato/a

I momenti o i ricordi più felici di oggi

I successi o i progressi di oggi

Le persone per cui sono grato/a

La citazione o la lezione più bella di oggi

Gli obiettivi di domani

Perché voglio raggiungerlo?

Qual è il modo migliore per riuscirci?

Riflessioni

Data ....

Livello Emotivo

_____ - Felice - Pacifico/a - Rilassato/a - Energico/a - Soddisfatto/a - Deluso/a - Letargico/a - Teso/a - Preoccupato/a - Infelice - _____

Cose per cui essere grato/a

I momenti o i ricordi più felici di oggi

I successi o i progressi di oggi

Le persone per cui sono grato/a

La citazione o la lezione più bella di oggi

Gli obiettivi di domani

Perché voglio raggiungerlo?

Qual è il modo migliore per riuscirci?

Riflessioni

Data ....

L M M G V S D

Livello Emotivo

_____ - Felice - Pacifico/a - Rilassato/a - Energico/a - Soddisfatto/a - Deluso/a - Letargico/a - Teso/a - Preoccupato/a - Infelice - _____

Cose per cui essere grato/a

I momenti o i ricordi più felici di oggi

I successi o i progressi di oggi

Le persone per cui sono grato/a

La citazione o la lezione più bella di oggi

Gli obiettivi di domani

Perché voglio raggiungerlo?

Qual è il modo migliore per riuscirci?

Riflessioni

Data ___________________

 L  M  M  G  V S D

Livello Emotivo

____ - Felice - Pacifico/a - Rilassato/a - Energico/a - Soddisfatto/a - Deluso/a - Letargico/a - Teso/a - Preoccupato/a - Infelice - ____

Cose per cui essere grato/a

I momenti o i ricordi più felici di oggi

I successi o i progressi di oggi

Le persone per cui sono grato/a

La citazione o la lezione più bella di oggi

Gli obiettivi di domani

Perché voglio raggiungerlo?

Qual è il modo migliore per riuscirci?

HERO

Riflessioni

Data ....

 L  M  M  G  V  S D

Livello Emotivo

_____ - Felice - Pacifico/a - Rilassato/a - Energico/a - Soddisfatto/a - Deluso/a - Letargico/a - Teso/a - Preoccupato/a - Infelice - _____

Cose per cui essere grato/a

I momenti o i ricordi più felici di oggi

I successi o i progressi di oggi

Le persone per cui sono grato/a

La citazione o la lezione più bella di oggi

Gli obiettivi di domani

Perché voglio raggiungerlo?

Qual è il modo migliore per riuscirci?

Riflessioni

Livello Emotivo

_____ - Felice - Pacifico/a - Rilassato/a - Energico/a - Soddisfatto/a - Deluso/a - Letargico/a - Teso/a - Preoccupato/a - Infelice -

Cose per cui essere grato/a	I momenti o i ricordi più felici di oggi

I successi o i progressi di oggi	Le persone per cui sono grato/a

La citazione o la lezione più bella di oggi

Gli obiettivi di domani　　　　**Perché voglio raggiungerlo?**

Qual è il modo migliore per riuscirci?

Riflessioni

Data ....

L M M G V S D

Livello Emotivo

_____ - Felice - Pacifico/a - Rilassato/a - Energico/a - Soddisfatto/a - Deluso/a - Letargico/a - Teso/a - Preoccupato/a - Infelice - _____

Cose per cui essere grato/a

I momenti o i ricordi più felici di oggi

I successi o i progressi di oggi

Le persone per cui sono grato/a

La citazione o la lezione più bella di oggi

Gli obiettivi di domani

Perché voglio raggiungerlo?

Qual è il modo migliore per riuscirci?

Riflessioni

Data ______________________

L M M G V S D

Livello Emotivo

______ - Felice - Pacifico/a - Rilassato/a - Energico/a - Soddisfatto/a - Deluso/a - Letargico/a - Teso/a - Preoccupato/a - Infelice - ______

Cose per cui essere grato/a

I momenti o i ricordi più felici di oggi

I successi o i progressi di oggi

Le persone per cui sono grato/a

La citazione o la lezione più bella di oggi

Gli obiettivi di domani

Perché voglio raggiungerlo?

Qual è il modo migliore per riuscirci?

Riflessioni

Data ....

Livello Emotivo

_____ - Felice - Pacifico/a - Rilassato/a - Energico/a - Soddisfatto/a - Deluso/a - Letargico/a - Teso/a - Preoccupato/a - Infelice -

Cose per cui essere grato/a

I momenti o i ricordi più felici di oggi

I successi o i progressi di oggi

Le persone per cui sono grato/a

La citazione o la lezione più bella di oggi

Gli obiettivi di domani

Perché voglio raggiungerlo?

Qual è il modo migliore per riuscirci?

Riflessioni

Data __________________

Livello Emotivo

_____ - **Felice - Pacifico/a - Rilassato/a - Energico/a - Soddisfatto/a - Deluso/a - Letargico/a - Teso/a - Preoccupato/a - Infelice -** _____

Cose per cui essere grato/a	I momenti o i ricordi più felici di oggi

I successi o i progressi di oggi	Le persone per cui sono grato/a

La citazione o la lezione più bella di oggi

Gli obiettivi di domani

Perché voglio raggiungerlo?

Qual è il modo migliore per riuscirci?

Riflessioni

Data ....

L · M · M · G · V · S · D

Livello Emotivo

_____ - Felice - Pacifico/a - Rilassato/a - Energico/a - Soddisfatto/a - Deluso/a - Letargico/a - Teso/a - Preoccupato/a - Infelice - _____

Cose per cui essere grato/a

I momenti o i ricordi più felici di oggi

I successi o i progressi di oggi

Le persone per cui sono grato/a

La citazione o la lezione più bella di oggi

Gli obiettivi di domani

Perché voglio raggiungerlo?

Qual è il modo migliore per riuscirci?

HERO

Riflessioni

Livello Emotivo

_____ - **Felice - Pacifico/a - Rilassato/a - Energico/a - Soddisfatto/a - Deluso/a - Letargico/a - Teso/a - Preoccupato/a - Infelice -** _____

Cose per cui essere grato/a

I momenti o i ricordi più felici di oggi

I successi o i progressi di oggi

Le persone per cui sono grato/a

La citazione o la lezione più bella di oggi

Gli obiettivi di domani

Perché voglio raggiungerlo?

Qual è il modo migliore per riuscirci?

HERO

Riflessioni

Livello Emotivo

_____ - Felice - Pacifico/a - Rilassato/a - Energico/a - Soddisfatto/a - Deluso/a - Letargico/a - Teso/a - Preoccupato/a - Infelice - _____

Cose per cui essere grato/a

I momenti o i ricordi più felici di oggi

I successi o i progressi di oggi

Le persone per cui sono grato/a

La citazione o la lezione più bella di oggi

Gli obiettivi di domani

Perché voglio raggiungerlo?

Qual è il modo migliore per riuscirci?

Riflessioni

Data ______________________________

Livello Emotivo

_____ - Felice - Pacífico/a - Rilassato/a - Energico/a - Soddisfatto/a - Deluso/a - Letargico/a - Teso/a - Preoccupato/a - Infelice - _____

Cose per cui essere grato/a

I momenti o i ricordi più felici di oggi

I successi o i progressi di oggi

Le persone per cui sono grato/a

La citazione o la lezione più bella di oggi

Gli obiettivi di domani

Perché voglio raggiungerlo?

Qual è il modo migliore per riuscirci?

Riflessioni

Data ....

Livello Emotivo

______ - Felice - Pacifico/a - Rilassato/a - Energico/a - Soddisfatto/a - Deluso/a - Letargico/a - Teso/a - Preoccupato/a - Infelice - ______

Cose per cui essere grato/a

I momenti o i ricordi più felici di oggi

I successi o i progressi di oggi

Le persone per cui sono grato/a

La citazione o la lezione più bella di oggi

Gli obiettivi di domani

Perché voglio raggiungerlo?

Qual è il modo migliore per riuscirci?

Riflessioni

Data ______________________

L M M G V S D

Livello Emotivo

____ - Felice - Pacifico/a - Rilassato/a - Energico/a - Soddisfatto/a - Deluso/a - Letargico/a - Teso/a - Preoccupato/a - Infelice - ____

Cose per cui essere grato/a

I momenti o i ricordi più felici di oggi

I successi o i progressi di oggi

Le persone per cui sono grato/a

La citazione o la lezione più bella di oggi

Gli obiettivi di domani

Perché voglio raggiungerlo?

Qual è il modo migliore per riuscirci?

HERO

Riflessioni

Livello Emotivo

_____ - Felice - Pacifico/a - Rilassato/a - Energico/a - Soddisfatto/a - Deluso/a - Letargico/a - Teso/a - Preoccupato/a - Infelice - _____

Cose per cui essere grato/a

I momenti o i ricordi più felici di oggi

I successi o i progressi di oggi

Le persone per cui sono grato/a

La citazione o la lezione più bella di oggi

Gli obiettivi di domani

Perché voglio raggiungerlo?

Qual è il modo migliore per riuscirci?

HERO

Riflessioni

Livello Emotivo

_____ - Felice - Pacifico/a - Rilassato/a - Energico/a - Soddisfatto/a - Deluso/a - Letargico/a - Teso/a - Preoccupato/a - Infelice - _____

Cose per cui essere grato/a

I momenti o i ricordi più felici di oggi

I successi o i progressi di oggi

Le persone per cui sono grato/a

La citazione o la lezione più bella di oggi

Gli obiettivi di domani

Perché voglio raggiungerlo?

Qual è il modo migliore per riuscirci?

Riflessioni

Data ....

Livello Emotivo

____ - Felice - Pacifico/a - Rilassato/a - Energico/a - Soddisfatto/a - Deluso/a - Letargico/a - Teso/a - Preoccupato/a - Infelice - ____

Cose per cui essere grato/a

I momenti o i ricordi più felici di oggi

I successi o i progressi di oggi

Le persone per cui sono grato/a

La citazione o la lezione più bella di oggi

Gli obiettivi di domani

Perché voglio raggiungerlo?

Qual è il modo migliore per riuscirci?

HERO

Riflessioni

Data ______________________

L   M   M   G   V   S   D

Livello Emotivo

_____ - Felice - Pacifico/a - Rilassato/a - Energico/a - Soddisfatto/a - Deluso/a - Letargico/a - Teso/a - Preoccupato/a - Infelice - _____

Cose per cui essere grato/a

I momenti o i ricordi più felici di oggi

I successi o i progressi di oggi

Le persone per cui sono grato/a

La citazione o la lezione più bella di oggi

Gli obiettivi di domani

Perché voglio raggiungerlo?

Qual è il modo migliore per riuscirci?

Riflessioni

Data ....

L M M G V S D

Livello Emotivo

_____ - Felice - Pacifico/a - Rilassato/a - Energico/a - Soddisfatto/a - Deluso/a - Letargico/a - Teso/a - Preoccupato/a - Infelice -

Cose per cui essere grato/a

I momenti o i ricordi più felici di oggi

I successi o i progressi di oggi

Le persone per cui sono grato/a

La citazione o la lezione più bella di oggi

Gli obiettivi di domani

Perché voglio raggiungerlo?

Qual è il modo migliore per riuscirci?

Riflessioni

Data _______________________

L M M G V S D

Livello Emotivo

_____ - Felice - Pacifico/a - Rilassato/a - Energico/a - Soddisfatto/a - Deluso/a - Letargico/a - Teso/a - Preoccupato/a - Infelice - _____

Cose per cui essere grato/a

I momenti o i ricordi più felici di oggi

I successi o i progressi di oggi

Le persone per cui sono grato/a

La citazione o la lezione più bella di oggi

Gli obiettivi di domani

Perché voglio raggiungerlo?

Qual è il modo migliore per riuscirci?

Riflessioni

Data ....

 L  M M G V S D

Livello Emotivo

_____ - Felice - Pacifico/a - Rilassato/a - Energico/a - Soddisfatto/a - Deluso/a - Letargico/a - Teso/a - Preoccupato/a - Infelice - _____

Cose per cui essere grato/a

I momenti o i ricordi più felici di oggi

I successi o i progressi di oggi

Le persone per cui sono grato/a

La citazione o la lezione più bella di oggi

Gli obiettivi di domani

Perché voglio raggiungerlo?

Qual è il modo migliore per riuscirci?

Riflessioni

Data ....

Livello Emotivo

______ - **Felice - Pacifico/a - Rilassato/a - Energico/a - Soddisfatto/a - Deluso/a - Letargico/a - Teso/a - Preoccupato/a - Infelice -** ______

Cose per cui essere grato/a

I momenti o i ricordi più felici di oggi

I successi o i progressi di oggi

Le persone per cui sono grato/a

La citazione o la lezione più bella di oggi

Gli obiettivi di domani

Perché voglio raggiungerlo?

Qual è il modo migliore per riuscirci?

HERO

Riflessioni

Livello Emotivo

_____ - Felice - Pacifico/a - Rilassato/a - Energico/a - Soddisfatto/a - Deluso/a - Letargico/a - Teso/a - Preoccupato/a - Infelice - _____

Cose per cui essere grato/a

I momenti o i ricordi più felici di oggi

I successi o i progressi di oggi

Le persone per cui sono grato/a

La citazione o la lezione più bella di oggi

Gli obiettivi di domani

Perché voglio raggiungerlo?

Qual è il modo migliore per riuscirci?

Riflessioni

Data ______________________

L M M G V S D

Livello Emotivo

______ - Felice - Pacifico/a - Rilassato/a - Energico/a - Soddisfatto/a - Deluso/a - Letargico/a - Teso/a - Preoccupato/a - Infelice - ______

Cose per cui essere grato/a

I momenti o i ricordi più felici di oggi

I successi o i progressi di oggi

Le persone per cui sono grato/a

La citazione o la lezione più bella di oggi

Gli obiettivi di domani

Perché voglio raggiungerlo?

Qual è il modo migliore per riuscirci?

HERO

Riflessioni

Livello Emotivo

_____ - Felice - Pacifico/a - Rilassato/a - Energico/a - Soddisfatto/a - Deluso/a - Letargico/a - Teso/a - Preoccupato/a - Infelice -

Cose per cui essere grato/a

I momenti o i ricordi più felici di oggi

I successi o i progressi di oggi

Le persone per cui sono grato/a

La citazione o la lezione più bella di oggi

Gli obiettivi di domani

Perché voglio raggiungerlo?

Qual è il modo migliore per riuscirci?

Riflessioni

Data ___________________

L   M   M   G   V   S   D

Livello Emotivo

    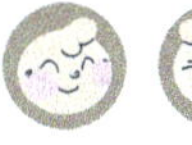         

_____ - Felice - Pacifico/a - Rilassato/a - Energico/a - Soddisfatto/a - Deluso/a - Letargico/a - Teso/a - Preoccupato/a - Infelice - _____

Cose per cui essere grato/a

I momenti o i ricordi più felici di oggi

I successi o i progressi di oggi

Le persone per cui sono grato/a

La citazione o la lezione più bella di oggi

Gli obiettivi di domani

Perché voglio raggiungerlo?

Qual è il modo migliore per riuscirci?

Riflessioni

Data ________________

L M M G V S D

Livello Emotivo

_____ - Felice - Pacifico/a - Rilassato/a - Energico/a - Soddisfatto/a - Deluso/a - Letargico/a - Teso/a - Preoccupato/a - Infelice - _____

Cose per cui essere grato/a

I momenti o i ricordi più felici di oggi

I successi o i progressi di oggi

Le persone per cui sono grato/a

La citazione o la lezione più bella di oggi

Gli obiettivi di domani

Perché voglio raggiungerlo?

Qual è il modo migliore per riuscirci?

Riflessioni

Data _______________________

L M M G V S D

Livello Emotivo

_____ - Felice - Pacifico/a - Rilassato/a - Energico/a - Soddisfatto/a - Deluso/a - Letargico/a - Teso/a - Preoccupato/a - Infelice - _____

Cose per cui essere grato/a

I momenti o i ricordi più felici di oggi

I successi o i progressi di oggi

Le persone per cui sono grato/a

La citazione o la lezione più bella di oggi

Gli obiettivi di domani

Perché voglio raggiungerlo?

Qual è il modo migliore per riuscirci?

Riflessioni

Data ___________

L M M G V S D

Livello Emotivo

_____ - Felice - Pacifico/a - Rilassato/a - Energico/a - Soddisfatto/a - Deluso/a - Letargico/a - Teso/a - Preoccupato/a - Infelice - _____

Cose per cui essere grato/a

I momenti o i ricordi più felici di oggi

I successi o i progressi di oggi

Le persone per cui sono grato/a

La citazione o la lezione più bella di oggi

Gli obiettivi di domani

Perché voglio raggiungerlo?

Qual è il modo migliore per riuscirci?

Riflessioni

Data ___________________________

Livello Emotivo

_____ - Felice - Pacifico/a - Rilassato/a - Energico/a - Soddisfatto/a - Deluso/a - Letargico/a - Teso/a - Preoccupato/a - Infelice - _____

Cose per cui essere grato/a

I momenti o i ricordi più felici di oggi

I successi o i progressi di oggi

Le persone per cui sono grato/a

La citazione o la lezione più bella di oggi

Gli obiettivi di domani

Perché voglio raggiungerlo?

Qual è il modo migliore per riuscirci?

HERO

Riflessioni

Livello Emotivo

_____ - Felice - Pacifico/a - Rilassato/a - Energico/a - Soddisfatto/a - Deluso/a - Letargico/a - Teso/a - Preoccupato/a - Infelice -

Cose per cui essere grato/a

I momenti o i ricordi più felici di oggi

I successi o i progressi di oggi

Le persone per cui sono grato/a

La citazione o la lezione più bella di oggi

Gli obiettivi di domani

Perché voglio raggiungerlo?

Qual è il modo migliore per riuscirci?

Riflessioni

Data _______________________

Livello Emotivo

        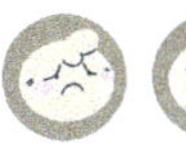    

_____ - Felice - Pacifico/a - Rilassato/a - Energico/a - Soddisfatto/a - Deluso/a - Letargico/a - Teso/a - Preoccupato/a - Infelice - _____

Cose per cui essere grato/a

I momenti o i ricordi più felici di oggi

I successi o i progressi di oggi

Le persone per cui sono grato/a

La citazione o la lezione più bella di oggi

Gli obiettivi di domani

Perché voglio raggiungerlo?

Qual è il modo migliore per riuscirci?

Riflessioni

Data ___________________

Livello Emotívo

_____ - Felice - Pacifico/a - Rilassato/a - Energico/a - Soddisfatto/a - Deluso/a - Letargico/a - Teso/a - Preoccupato/a - Infelice - _____

Cose per cui essere grato/a

I momenti o i ricordi più felici di oggi

I successi o i progressi di oggi

Le persone per cui sono grato/a

La citazione o la lezione più bella di oggi

Gli obiettivi di domani

Perché voglio raggiungerlo?

Qual è il modo migliore per riuscirci?

Riflessioni

Data __________________________

L M M G V S D

Livello Emotivo

_____ - Felice - Pacifico/a - Rilassato/a - Energico/a - Soddisfatto/a - Deluso/a - Letargico/a - Teso/a - Preoccupato/a - Infelice - _____

Cose per cui essere grato/a

I momenti o i ricordi più felici di oggi

I successi o i progressi di oggi

Le persone per cui sono grato/a

La citazione o la lezione più bella di oggi

Gli obiettivi di domani

Perché voglio raggiungerlo?

Qual è il modo migliore per riuscirci?

Riflessioni

Data ___________________

Livello Emotivo

_____ - Felice - Pacifico/a - Rilassato/a - Energico/a - Soddisfatto/a - Deluso/a - Letargico/a - Teso/a - Preoccupato/a - Infelice - _____

Cose per cui essere grato/a

I momenti o i ricordi più felici di oggi

I successi o i progressi di oggi

Le persone per cui sono grato/a

La citazione o la lezione più bella di oggi

Gli obiettivi di domani

Perché voglio raggiungerlo?

Qual è il modo migliore per riuscirci?

Riflessioni

Data ....

Livello Emotivo

_____ - Felice - Pacifico/a - Rilassato/a - Energico/a - Soddisfatto/a - Deluso/a - Letargico/a - Teso/a - Preoccupato/a - Infelice - _____

Cose per cui essere grato/a

I momenti o i ricordi più felici di oggi

I successi o i progressi di oggi

Le persone per cui sono grato/a

La citazione o la lezione più bella di oggi

Gli obiettivi di domani

Perché voglio raggiungerlo?

Qual è il modo migliore per riuscirci?

HERO

Riflessioni

Data ....

L   M   M   G   V   S   D

Livello Emotivo

_____ - Felice - Pacifico/a - Rilassato/a - Energico/a - Soddisfatto/a - Deluso/a - Letargico/a - Teso/a - Preoccupato/a - Infelice - _____

Cose per cui essere grato/a

I momenti o i ricordi più felici di oggi

I successi o i progressi di oggi

Le persone per cui sono grato/a

La citazione o la lezione più bella di oggi

Gli obiettivi di domani

Perché voglio raggiungerlo?

Qual è il modo migliore per riuscirci?

Riflessioni

Data ___________________________

 L  M  M  G V  S D

Livello Emotivo

   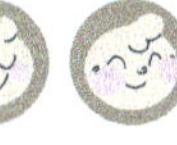        

_____ - Felice - Pacifico/a - Rilassato/a - Energico/a - Soddisfatto/a - Deluso/a - Letargico/a - Teso/a - Preoccupato/a - Infelice - _____

Cose per cui essere grato/a	I momenti o i ricordi più felici di oggi

I successi o i progressi di oggi	Le persone per cui sono grato/a

La citazione o la lezione più bella di oggi

Gli obiettivi di domani

Perché voglio raggiungerlo?

Qual è il modo migliore per riuscirci?

HERO

Riflessioni

Data ______________

Livello Emotivo

_____ - Felice - Pacifico/a - Rilassato/a - Energico/a - Soddisfatto/a - Deluso/a - Letargico/a - Teso/a - Preoccupato/a - Infelice - _____

Cose per cui essere grato/a

I momenti o i ricordi più felici di oggi

I successi o i progressi di oggi

Le persone per cui sono grato/a

La citazione o la lezione più bella di oggi

Gli obiettivi di domani

Perché voglio raggiungerlo?

Qual è il modo migliore per riuscirci?

Riflessioni

Data _______________________

L M M G V S D

Livello Emotivo

_____ - Felice - Pacifico/a - Rilassato/a - Energico/a - Soddisfatto/a - Deluso/a - Letargico/a - Teso/a - Preoccupato/a - Infelice - _____

Cose per cui essere grato/a

I momenti o i ricordi più felici di oggi

I successi o i progressi di oggi

Le persone per cui sono grato/a

La citazione o la lezione più bella di oggi

Gli obiettivi di domani

Perché voglio raggiungerlo?

Qual è il modo migliore per riuscirci?

Riflessioni

Data _______________

 L  M  M  G  V S D

Livello Emotivo

_____ - Felice - Pacifico/a - Rilassato/a - Energico/a - Soddisfatto/a - Deluso/a - Letargico/a - Teso/a - Preoccupato/a - Infelice - _____

Cose per cui essere grato/a

I momenti o i ricordi più felici di oggi

I successi o i progressi di oggi

Le persone per cui sono grato/a

La citazione o la lezione più bella di oggi

Gli obiettivi di domani

Perché voglio raggiungerlo?

Qual è il modo migliore per riuscirci?

Riflessioni

Data _______________________

 L  M  M  G  V  S D

Livello Emotivo

_____ - Felice - Pacifico/a - Rilassato/a - Energico/a - Soddisfatto/a - Deluso/a - Letargico/a - Teso/a - Preoccupato/a - Infelice - _____

Cose per cui essere grato/a

I momenti o i ricordi più felici di oggi

I successi o i progressi di oggi

Le persone per cui sono grato/a

La citazione o la lezione più bella di oggi

Gli obiettivi di domani

Perché voglio raggiungerlo?

Qual è il modo migliore per riuscirci?

HERO

Riflessioni

Data __________________________

L M M G V S D

Livello Emotivo

____ - Felice - Pacifico/a - Rilassato/a - Energico/a - Soddisfatto/a - Deluso/a - Letargico/a - Teso/a - Preoccupato/a - Infelice - ____

Cose per cui essere grato/a

I momenti o i ricordi più felici di oggi

I successi o i progressi di oggi

Le persone per cui sono grato/a

La citazione o la lezione più bella di oggi

Gli obiettivi di domani

Perché voglio raggiungerlo?

Qual è il modo migliore per riuscirci?

HERO

Riflessioni

L M M G V S D

Livello Emotivo

           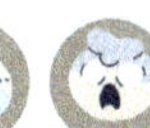

_____ - Felice - Pacifico/a - Rilassato/a - Energico/a - Soddisfatto/a - Deluso/a - Letargico/a - Teso/a - Preoccupato/a - Infelice - _____

Cose per cui essere grato/a

I momenti o i ricordi più felici di oggi

I successi o i progressi di oggi

Le persone per cui sono grato/a

La citazione o la lezione più bella di oggi

Gli obiettivi di domani

Perché voglio raggiungerlo?

Qual è il modo migliore per riuscirci?

Riflessioni

Data _______________

L M M G V S D

Livello Emotivo

_____ - Felice - Pacifico/a - Rilassato/a - Energico/a - Soddisfatto/a - Deluso/a - Letargico/a - Teso/a - Preoccupato/a - Infelice - _____

Cose per cui essere grato/a

I momenti o i ricordi più felici di oggi

I successi o i progressi di oggi

Le persone per cui sono grato/a

La citazione o la lezione più bella di oggi

Gli obiettivi di domani

Perché voglio raggiungerlo?

Qual è il modo migliore per riuscirci?

HERO

Riflessioni

Livello Emotivo

_____ - Felice - Pacifico/a - Rilassato/a - Energico/a - Soddisfatto/a - Deluso/a - Letargico/a - Teso/a - Preoccupato/a - Infelice - _____

Cose per cui essere grato/a

I momenti o i ricordi più felici di oggi

I successi o i progressi di oggi

Le persone per cui sono grato/a

La citazione o la lezione più bella di oggi

Gli obiettivi di domani

Perché voglio raggiungerlo?

Qual è il modo migliore per riuscirci?

HERO

Riflessioni

Data ....

L M M G V S D

Livello Emotivo

_____ - Felice - Pacifico/a - Rilassato/a - Energico/a - Soddisfatto/a - Deluso/a - Letargico/a - Teso/a - Preoccupato/a - Infelice - _____

Cose per cui essere grato/a

I momenti o i ricordi più felici di oggi

I successi o i progressi di oggi

Le persone per cui sono grato/a

La citazione o la lezione più bella di oggi

Gli obiettivi di domani

Perché voglio raggiungerlo?

Qual è il modo migliore per riuscirci?

Riflessioni

Data ________________

Livello Emotivo

____ - Felice - Pacifico/a - Rilassato/a - Energico/a - Soddisfatto/a - Deluso/a - Letargico/a - Teso/a - Preoccupato/a - Infelice - ____

Cose per cui essere grato/a

I momenti o i ricordi più felici di oggi

I successi o i progressi di oggi

Le persone per cui sono grato/a

La citazione o la lezione più bella di oggi

Gli obiettivi di domani

Perché voglio raggiungerlo?

Qual è il modo migliore per riuscirci?

Riflessioni

Data ....

Livello Emotivo

_____ - Felice - Pacifico/a - Rilassato/a - Energico/a - Soddisfatto/a - Deluso/a - Letargico/a - Teso/a - Preoccupato/a - Infelice -

Cose per cui essere grato/a

I momenti o i ricordi più felici di oggi

I successi o i progressi di oggi

Le persone per cui sono grato/a

La citazione o la lezione più bella di oggi

Gli obiettivi di domani

Perché voglio raggiungerlo?

Qual è il modo migliore per riuscirci?

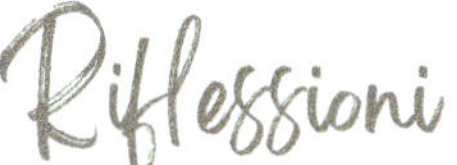 Riflessioni

Data ______________________

 L
 M
 M
 G
 V   S   D

Livello Emotivo

_____ - Felice - Pacifico/a - Rilassato/a - Energico/a - Soddisfatto/a - Deluso/a - Letargico/a - Teso/a - Preoccupato/a - Infelice - _____

Cose per cui essere grato/a

I momenti o i ricordi più felici di oggi

I successi o i progressi di oggi

Le persone per cui sono grato/a

La citazione o la lezione più bella di oggi

Gli obiettivi di domani

Perché voglio raggiungerlo?

Qual è il modo migliore per riuscirci?

IL TUO VIAGGIO È APPENA INIZIATO. SCOPRI IL SEGRETO.

IL LIBRO COMPLETO "SII UN EROE" È ORA DISPONIBILE!

VISITA: WWW.BEAHERO.WORLD, SEZIONE LIBRI, OPPURE CERCA "SII UN EROE" NEGLI STORE ONLINE.
PAPERBACK A COLORI, E-BOOK, KINDLE.

IL TUO CAMMINO IN AVANTI NON RIGUARDA SOLO LA LETTURA. RIGUARDA IL RIALZARTI.
CONTINUA A CRESCERE.
DIVENTA L'EROE CHE SEI NATO PER ESSERE.